W9-CHQ-206

¡Vamos criaturita, vamos!

¡Trepa mariquita, trepa!

Dana Meachen Rau

Marshall Cavendish
Benchmark
New York

Las mariquitas tienen manchas negras.

Las mariquitas tienen manchas rojas.

5

Las mariquitas tienen dos alas.

7

Las mariquitas tienen seis patas.

Las mariquitas trepan por la hojas.

Las mariquitas comen insectos.

Las mariquitas vuelan.

Las mariquitas se posan en las flores.

¡Trepa mariquita, trepa!

Palabras conocidas

manchas negras

insectos

hojas

patas

manchas rojas

alas

Índice

Los números en **negrita** corresponden a páginas con ilustraciones.

Sobre la autora

Dana Meachen Rau es escritora, editora e ilustradora. Graduada del Trinity College de Hartford, Connecticut, ha escrito más de ciento cincuenta libros para niños, entre ellos libros de ficción histórica y de no ficción, biografías y libros de lectura para principiantes. Vive con su familia en Burlington, Connecticut.

Con agradecimiento a las asesoras de lectura:

Nanci R. Vargus, Dra. en Ed., es profesora ayudante de educación primaria en la Universidad de Indianápolis.

Beth Walker Gambro recibió su Maestría en Ciencias de la Educación, con especialización en Lectura, de la Universidad de St. Francis, en Joliet, Illinois.

Marshall Cavendish Benchmark
99 White Plains Road
Tarrytown, New York 10591-9001
www.marshallcavendish.us

Library of Congress Cataloging-in-Publication Data

Rau, Dana Meachen, 1971–
[Crawl, ladybug, crawl! Spanish]
¡Trepa mariquita, trepa! / de Dana Meachen Rau.
p. cm. – (¡Vamos criaturita, vamos!)
Includes index.
ISBN 978-0-7614-2793-3 (spanish edition) – ISBN 978-0-7614-2652-3 (english edition)
1. Ladybugs–Juvenile literature.
I. Title. II. Series.
QL596.C65R3818 2007
595.76'9–dc22
2007008767

Spanish Translation and Text Composition by
Victory Productions, Inc.

Photo Research by Anne Burns Images

Cover Photo by *Peter Arnold Inc.*/PHONE/Jean-Michel Labat

The photographs in this book are used with permission and through the courtesy of:
Peter Arnold Inc.: pp. 1, 19 PHONE/Jean-Michel Labat; pp. 3, 20TL Jean-Jacques Etienne;
pp. 7, 21B D. Bringard. *Corbis*: pp. 5, 21TR Bob Marsh/Papilio; pp. 9, 21TL Ralph A. Clevenger;
pp. 13, 20TR Anthony Bannister/Gallo Images. *Animals Animals*: pp. 11, 20B Robert Maier;
p. 15 Paulo De Oliveira; p. 17 Stephen Dalton.

Printed in Malaysia
1 3 5 6 4 2